LES AMOURS IMPRÉVUS, IDYLLE, ET BALLET HÉROIQUE, EN UN ACTE.

COMPOSÉE

Par M. DEGARDEIN, *de Ville-Maire.*

DE L'IMPRIMERIE DE MONTALANT.

M. DCC. LIII.

AVEC APPROBATION ET PERMISSION.

Cette Piece est une Epithalame sur le Mariage de Monseigneur le Prince DE CONDÉ, *avec la Sérénissime* PRINCESSE, *Fille aînée de Monseigneur le Prince de* SOUBISE.

A SON ALTESSE SERENISSIME MONSEIGNEUR LE PRINCE DE CONDÉ.

MONSEIGNEUR,

De toutes les Piéces lyriques qui sont à ma connoissance, je ne m'en rappelle aucune dont le sujet soit semblable à celui de l'Idylle que j'ose faire paroître sous le Nom de VOTRE

ALTESSE SERENISSIME. *Si du côté du choix, & de l'exécution, il n'a pas toutes les perfections nécessaires, pour être offert dignement à un aussi Grand Prince, je me flatte néanmoins qu'il voudra bien le favoriser de quelqu'indulgence, & que le désir de lui plaire, qui m'a porté à le mettre au jour, me procurera en effet ce précieux avantage.*

Je suis, avec le plus profond respect,

MONSEIGNEUR,

DE VOTRE ALTESSE SERENISSIME,

Le très-humble,
& très-obéissant Serviteur
DE VILLE-MAIRE.

LES AMOURS IMPRÉVUS, IDYLLE, ET BALLET HÉROIQUE,

EN UN ACTE.

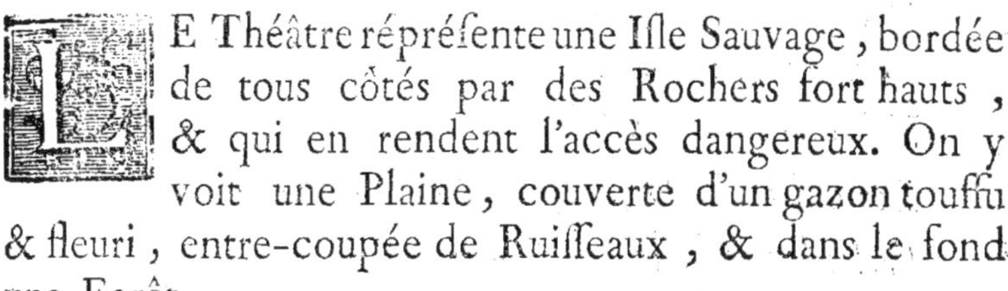

LE Théâtre réprésente une Isle Sauvage, bordée de tous côtés par des Rochers fort hauts, & qui en rendent l'accès dangereux. On y voit une Plaine, couverte d'un gazon touffu & fleuri, entre-coupée de Ruisseaux, & dans le fond une Forêt.

Alors il fait nuit, mais la lumiere de la Lune permet de distinguer facilement chaque chose, parce que le Ciel est fort serain.

SCENE I.

LA FÉE, seule.

QUel Oracle viens-je d'entendre !
Destin ! que ta rigueur a de quoi me surprendre !
Moi, qui jusqu'à présent avoit dompté l'Amour,
Tu veux que je lui sois asservie à mon tour !

Il n'eſt donc point d'azile
Où l'on puiſſe vivre tranquile ?
Tous les Climats du Monde ont à craindre les feux
De ce cruel Tyran des Mortels & des Dieux !

Beautés, qu'à vos Parens j'enlevai dès l'enfance,
Pour vous mettre à l'abri du poiſon de ſes traits,
Hélas ! malgré ma prévoyance,
Vous en allez ſentir les dangereux effets !
Vainement contre lui je voudrois vous défendre,
Les ordres du Deſtin y ſont trop abſolus.
Ciel ! devois-je jamais m'attendre
Que de ſi juſtes ſoins deviendroient ſuperflus !

Mais je les apperçois ! Cachons-leur ma triſteſſe.

SCENE II.

La Fée, avec toutes les Nymphes de sa Cour.

CHŒUR.

Dans cet heureux séjour tout comble nos désirs,
Nous y goûtons toujours les plus charmans plaisirs.

LA PREMIERE NYMPHE.

Une pure allégresse
Y remplit tous les cœurs ;
Le seul mouvement qui les presse,
C'est de pratiquer la Sagesse,
Et d'en posséder les faveurs ;
On ne trouve point dans nos mœurs
Aucune marque de foiblesse.

CHŒUR.

Dans cet heureux séjour tout comble nos désirs ;
Nous y goûtons toujours les plus charmans plaisirs.

Pendant que les Nymphes ſe réjouiſſent, le Ciel ſe couvre de Nuages épais, d'où ſortent des foudres & des éclairs avec un fracas terrible; les Aquilons par leur violence ſemblent vouloir renverſer la Nature; les flots de la Mer deviennent de hautes Montagnes, tous les Rivages ſont couverts de leur écume; les Arbres ſe rompent comme de foibles Roſeaux, ou tombent étendus ſur la terre.

LA FÉE.

Que nous veut Jupiter, pour s'armer de la foudre!
Les Elémens vont-ils rentrer dans le cahos?
Evitons, s'il ſe peut, ce déluge de maux.
La terre ſous nos pas eſt prête à ſe diſſoudre.

Toute l'Aſſemblée prend la fuite.

SCENE III.

SCENE III.

Dans ce moment on voit venir un Vaiſſeau maltraité par la tempête ; ſes Voiles ſe déchirent, un de ſes Mâts craque, la Foudre en brûle un autre, ſon Eſquif plein de monde coule à fond, enfin après avoir été long-temps le jouet des fureurs de Neptune, il gagne l'Iſle, & jette l'Anchre parmi les Ecueils qui l'environnent de toutes parts.

CHŒUR DE L'ÉQUIPAGE.

Quelle horrible tempête ! Une profonde nuit
Nous dérobe l'aſpect des Cieux & de la Terre !
Tout céde à la fureur des Vents & du Tonnerre !
Grands Dieux ! délivrez-nous du ſort qui nous pourſuit !

La tempête ſe diſſipe inſenſiblement, le Ciel s'éclaircit, le Tonnerre ceſſe, les Vents ne soufflent plus, on commence à revoir les Etoiles, enſuite le Crépuſcule du matin. Les gens du Vaiſſeau quittent la pointe des Rochers, où d'abord ils s'étoient mis à couvert de de l'Orage, & deſcendent dans l'Iſle, ce qui forme un Ballet.

LE PRINCE, Chef de l'Equipage.

Cessons de nous troubler, l'Amante de Céphale
De Phœbus sur ces bords annonce le retour ;
Les vives couleurs qu'elle étale
Nous promettent le plus beau jour.

Le Ballet continuë.

UN AUTRE.

Philomele déja dans ce sombre Bocage
Au murmure des Eaux mêle ses doux Accens,
Et Zéphire enchanté de l'Objet qui l'engage
Nous y rend sous ses Loix tous les dons du Printemps.

Le Ballet continuë.

CHŒUR.

Marquons aux Immortels notre reconnoissance,
Pour nous avoir sauvé des horreurs du trépas,
Ceux qui dans ce devoir ne les satisfont pas,
Méritent de sentir les traits de leur vengeance.

Le Ballet continuë.

LE PRINCE.

Rien ne ſçauroit payer les Dieux de leurs bienfaits,
Et nul Mortel n'y parviendroit jamais,
Si leur Bonté toujours propice
Ne nous remettoit point des droits de leur Juſtice.
Ils auront vû ſans doute avec quelque plaiſir
Les Jeux que notre zele ici leur vient d'offrir.
Maintenant de Morphée implorons l'aſſiſtance,
Puiſſe-t'il de nos ſens guérir la défaillance!
Après tant de rudes travaux
Nous avons tous beſoin de prendre du repos.

Ils ſe couchent ſur le gazon, & s'y endorment.

SCENE IV.

Le Théâtre change, & répréſente le Palais du Sommeil. Ce Dieu eſt environné de Songes agréables. L'Amour fend les airs d'un vol rapide, & lui adreſſe ces paroles.

L' A M O U R.

O Toi, qui des Mortels diſſipes les allarmes,
Fils de la Nuit, viens te joindre à l'Amour ;
De tes Pavots remplis ce beau ſéjour,
Prépares-y les cœurs à me rendre les armes.

Dances des Songes.

Parmi les nuages, on voit d'un côté les gens du Vaiſſeau, & de l'autre les Nymphes de la ſuite de la Fée, qui écoutent avec ſurpriſe les diſcours que tiennent les Songes.

D E U X S O N G E S.

Aux tendres déſirs
Livrons-nous ſans ceſſe,

L'austére Sagesse
Permet leurs plaisirs.

DEUX AUTRES.

Insensibles Ames,
Ah! sortez d'erreur!
Votre faux bonheur
Ne vaut pas nos flâmes.

LES QUATRE SONGES,
avec le Chœur.

Aux tendres désirs
Livrons-nous sans cesse,
L'austére Sagesse
Permet leurs plaisirs.

Dances des Songes.

L'AMOUR.

Nymphes, pour qui je m'intéresse,
Profitez de cette faveur,
Des beaux jours de votre Jeunesse
Rendez-moi seul Dispensateur.

L'Amour aux Ames inhumaines
Paroît un Tyran odieux,
Mais celles qui portent ses chaînes
Trouvent son joug délicieux.

LA PREMIERE NYMPHE.

L'Amour.... quel est ce Dieu si propice à nos vœux ?

L'AMOUR.

Il régne dans l'Olympe, ainsi que sur la Terre.
Son pouvoir a vaincu les Maîtres du Tonnerre.
Pour le dire en un mot : C'est le plus grand des Dieux.

SCENE V.

LE PRINCE, Chef de l'Equipage, en s'éveillant tout d'un coup.

Ciel! que ne dois-je point à ta Bonté ſuprême!

Le Palais du Sommeil diſparoît, & le Théâtre reprend ſa premiere ſituation. Il fait grand jour. Le Soleil commence à ſortir du ſein de l'Empire d'Amphitrite. Le reſte de l'Equipage eſt encore endormi, & couché ſur le gazon.

Mais.... je ne trouve plus cet Objet plein d'appas....
Tout change à mes regards.... Je vois d'autres Climats...
Un ſonge eſt l'artiſan de mon erreur extrême!
Réveil fatal! pourquoi m'ôtes-tu ce que j'aime!

Qu'entends-je? Vers ces lieux quelqu'un porte ſes pas.

SCENE VI.

Tout l'Equipage encore endormi, le Prince, & la premiere Nymphe de la suite de la Fée.

LA NYMPHE, en réfléxion, & sans voir ceux qui sont là présens à ses discours.

A quelle fin les Dieux ont-ils permis ce songe ?
Que se proposent-ils de moi ?
Déja l'Amour m'inspire, & me donne la Loi :
Mon esprit s'y perd, plus j'y songe.

LE PRINCE, à part.

Si j'ai bien entendu, quel sera mon bonheur !
L'Amour fléchit l'Objet que révere mon cœur.

LA NYMPHE.

Me faut-il faire résistance ?
Eteindrai-je mes tendres feux ?
Non, je ne suivrai point ce parti rigoureux,
Puisque l'on peut aimer sans blesser l'innocence.

En

En se promenant elle apperçoit ces Etrangers, mais non encore le Prince leur Chef.

Que veut dire ceci? Quels Etres inconnus?

Elle s'en approche, & les éxamine avec attention.

Ce sont ceux qu'en songe j'ai vûs!
Dieux! éclaircissez-moi le fond de ce Mystére!

LE PRINCE, à part.

Amour, accorde-moi le talent de lui plaire.

En s'adressant à elle.

Vous allez, belle Nymphe, en être instruite enfin.
Un orage, ou plûtôt le pouvoir du Destin,
M'a conduit en ces lieux pour adorer vos charmes.
Daignez appaiser les allarmes
Que leur aspect cause à mon cœur,
En devenant sensible à sa fidélle ardeur.

LA NYMPHE.

J'écoute avec plaisir votre amoureux langage,
Et voudrois couronner un si parfait hommage,

Mais l'état où je ſuis ne me le permet pas.
Ma vie eſt dans les mains d'une Fée inhumaine,
Dont je m'attirerois la redoutable haîne,
Si j'oſois.... Dieux! combien j'éprouve de combats!

LE PRINCE.

Ah! ſuivez vos déſirs, ceſſez de vous contraindre,
Deux cœurs qui s'aiment bien n'ont jamais rien à craindre.

ENSEMBLE.

Vole en ces Lieux, puiſſant Amour,
Viens être témoin de ta gloire.
Nos voix aux échos d'alentour
Font le récit de ta victoire.

SCENE VII.

Tout l'Equipage encore endormi, le Prince, la Fée, & sa Premiere Nymphe.

LA FÉE.

J'entends, cruels, j'entends vos chants audacieux.
Essayez à présent si le Dieu de Cythére
Sçaura vous garantir de l'état malheureux
Que vous ont mérité vos soins à me déplaire ?

Elle frappe la terre avec sa Baguette, & l'on en voit sortir aussi-tôt des Monstres qui vomissent du feu.

LA NYMPHE.

Je vous l'avois bien dit que la Fée en courroux....
Ah! füiez, cher Amant, vous le pouvez encore!
Füiez de ces climats.

LE PRINCE.

Moi! fuir! y pensez-vous?
Je laisserois ainsi périr ce que j'adore?

Non, je veux travailler à conſerver vos jours ;
Nymphe, vous allez voir ce que vaut mon ſecours.

LA FÉE.

Téméraire, oſe-tu te croire la puiſſance
D'empêcher les effets de ma juſte vengeance ?

TOUS LES TROIS ENSEMBLE.

La Fée. *Tremble qu'un horrible trépas*
Sa Pr. N. *Dieux ! préſervez-le du trépas*
Le Prince. *Mon cœur ne craint point le trépas*

Ne ſoit le prix de cet outrage.
A quoi l'expoſe cet outrage !
Dont vous menacez cet outrage.

Si tu ne quitte mes Etats,
Cher Amant, quittez ſes Etats,
Je reſterai dans vos Etats,

Sur toi j'éxercerai ma rage.
Voulez-vous éprouver ſa rage ?
Pour y mépriſer votre rage.

LE PRINCE.

Mortels, que les Destins ont rangé sous ma Loy,
Eveillez-vous, venez montrer votre courage ;
Qu'il fasse respecter en cette Isle sauvage
Et les droits de l'Amour, & ceux de votre Roy.

CHŒUR.

Qui pousseroit l'audace au point de méconnoître
Ce qu'on doit à l'Amour, ainsi qu'à notre Maître !
Que ce coupable cœur se cache loin de nous,
Ou de nos traits vengeurs il va sentir les coups.

Tous les Monstres effraïés rentrent dans le sein de la terre, & ces Guerriers forment des Dances, au son de leurs instrumens belliqueux.

SCENE VIII.

La Fée, avec toutes ses Nymphes. Tous les Gens du Vaisseau, avec le Prince leur Chef.

CHŒUR DES NYMPHES.

Accourons toutes en armes.
Entendez-vous ces affreux concerts ?
Jusqu'au fond de nos déserts
Ils sément les plus vives allarmes.

LA FÉE.

On vient troubler la paix qui régne en mes Etats.
Nymphes, bornez le cours de pareils attentats.

La Premiere Nymphe, & son Amant, aux autres Nymphes.

Useriez-vous de violence
Contre des cœurs que vos yeux ont soûmis ?
Hélas ! par un plus digne prix
Daignez païer leur tendre obéïssance.

LA FÉE.

Cessez de ménager ces perfides Mortels.
Frappez, n'écoutez plus leurs discours criminels.
Sous le voile flatteur d'un innocent hommage,
Ils vous cachent les fers du plus dur esclavage.

LES NYMPHES.

C'en est fait, nous cédons au pouvoir de l'Amour.

TOUT LE CHŒUR.

Que lui seul à jamais gouverne ce séjour.

LA FÉE.

Quoi! ma Cour elle-même à ma perte conspire!
Ah! ne réprimons plus la fureur qui m'inspire!

Troublons par nos enchantemens
Le bel ordre de la Nature;
Emploïons tous les Elémens
A punir qui nous fait injure.

Secondez mes transports,
Implacables Furies,
Des plus horribles barbaries
Epuisez ici les efforts.

Après que la Fée a fait plusieurs cérémonies magiques, les Arbres qui occupent le fond de la Scène se retirent, & laissent voir son Palais. On entend un mugissement affreux, la terre tremble, il en sort des feux qui l'embrasent ; enfin il s'écroule çà & là, puis disparoît entierement.

L'Amour est mon vainqueur ! Ce funeste spectacle
Ne me permet plus d'en douter !
Destin ! tu ne veux point que je puisse éviter
Ce que m'a prédit ton Oracle !

Divinités des airs, ôtez-moi de ces lieux :
Je souffre trop d'y voir tant d'Objets odieux.

Elle est enlevée par un Char de Nuages.

SCENE IX.

SCENE IX,

Et derniere.

La Premiere Nymphe, avec ſes Compagnes. Le Prince, & tous ſes Gens.

LE PRINCE, à ſon Amante.

Nous voilà délivrés d'une Fée inhumaine,
Revenez des terreurs que vous cauſoit ſa haîne.

ENSEMBLE.

N'aïons plus d'autres ſoins que ceux de nos amours;
Sans ceſſe dans nos âmes
Entretenons leurs flâmes,
Qu'à jamais la conſtance en aſſure le cours.
Jettons les fondemens d'une Union ſi belle
Que des Siecles futurs elle ſoit le modele.

Les deux Troupes ſe confondent, & dancent pluſieurs Ballets.

LA PREMIERE NYMPHE.

Souverain de Paphos, armes-toi de tes traits.
Triomphe, asservis-toi les cœurs les plus sauvages,
Que tout dans l'Univers te rende des hommages,
Il ne peut refuser ce prix à tes bienfaits.

CHŒUR.

Sur les vertes fougeres
Que nos dances légeres
Signalent nos plaisirs;
L'Amour, par les doux charmes
De ses tendres allarmes,
Remplit tous nos désirs.

Dances.

LE PRINCE, ET LA NYMPHE.

Mortels, dans les revers conservez l'espérance,
Tout ce que font les Dieux ne tend qu'à votre bien;
Si quelques fois vos cœurs éprouvent du chagrin,
C'est qu'ils veulent par-là voir votre obéissance;
Vous êtes toujours sûrs d'en obtenir enfin
Le sort le plus heureux pour votre récompense,

Dances.

LE PRINCE.

Nymphe, de vous aimer je me fais un devoir.
Daignez suivre mes pas sur de paisibles rives,
Où j'ai sçû retenir les Vertus fugitives :
Vous y possederez mon cœur & mon pouvoir.

LA NYMPHE.

Prince, ne craignez point que je vous sois sévére.
J'irai si vous voulez jusqu'au bout de la Terre.

TOUT LE CHŒUR.

Hâtons-nous de partir. On se plaît en tous lieux;
Lorsqu'on y voit l'Objet de ses soins amoureux.

Le Vaisseau aidé d'un vent favorable, fend les Ondes à pleines voiles, & gagne le milieu de l'Océan.

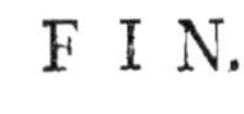

FIN.

APPROBATION.

J'Ai lû, par ordre de Monseigneur le Chancelier, un Manuscrit intitulé : *Les Amours Imprévus, Idylle, & Ballet Héroïque.* A Paris ce 7 Avril 1753.

PICQUET.

www.ingramcontent.com/pod-product-compliance
Ingram Content Group UK Ltd.
Pitfield, Milton Keynes, MK11 3LW, UK
UKHW021038260726
13994UKWH00005B/2231

9 782329 378343